# LES AMOUREUSES,

## DES GRISETTES DE PARIS,

Histoires,
Aventures, Mœurs et Galanteries
de ces demoiselles.

PARIS.

CHEZ LES MARCHANDS DE NOUVEAUTÉS.

1840.

LES

# BAMBOCHES AMOUREUSES.

Imprimerie de L. Bonchard-Huzard, rue de l'Éperon, 7.

# LES
# BAMBOCHES AMOUREUSES

### DES

## GRISETTES DE PARIS,

Histoires,
Aventures, Mœurs et Galanteries
de ces demoiselles.

## PARIS.

### CHEZ LES MARCHANDS DE NOUVEAUTÉS.

—

### 1840.

# LES
# BAMBOCHES AMOUREUSES.

## Mœurs
## galantes des Parisiennes.

—

Sous la dénomination classique de *grisettes*, à Paris, on entend parler de ces jeunes filles déjà nubiles, jolies, qui ont à peine dix-sept ans et deux chemises très-élimées, couchant dans une mansarde aussi haute que la coupole du Panthéon, et n'ont absolument d'autre bien patrimonial qu'un charmant minois rose, encadré d'une chevelure ébène, une taille fine, beaucoup d'appétit et une aiguille! — C'est avec cette *riche dot* que la grisette descend sept étages aussi lestement que si elle était faite de gomme élastique, abandonnant au hasard son mobilier *fastueux*, qui se compose d'un lit en *X*, d'un miroir étoilé, de deux cartons à chapeaux et *d'un tire-bottes.*—Sans naissance, sans famille, du moins sans famille riche, la pauvre enfant, orpheline du rang et de la fortune, est conséquemment contrainte de trouver dans sa spéculation industrielle une existence chanceuse, orageuse, glissante et très-épineuse pour sa vertu, qui se trouve, dans cet état on ne peut plus précaire, placée en équilibre entre sa coquetterie, sa faim et ses sens. La vie est donc, ici, pour elle, une véritable poule au billard, où l'on mourrait *en trois*; placée entre ces trois cylindres dangereux, presque toujours vous la verrez prendre le parti de la coquetterie; par ce choix, la · faim est apaisée, et les sens y trouvent encore leur compte.

Sous la désignation générique de *grisettes*, on comprend les modistes, *altesses de la troupe,* les lingères, les monteuses de bonnets, les couturières en journée, les ouvrières en linge, les chamarreuses, les brunisseuses, les faiseuses de bretelles, de corsets, de parapluies, les desservantes des restaurants copieux à 22 *sous*, les tapissières, les brodeuses, les giletières, les enfileuses de perles.

La grande pensée de la grisette est de s'affranchir de bonne heure de la tutelle importune et stérile de ses parents pauvres, qui ne lui permettent pas, dans leur état modeste de portiers ou d'artisans, de porter des chapeaux ; et la grisette est passionnée pour les chapeaux, pour les guirlandes de roses ; elle ambitionne cette couronne de vanité avec autant d'ardeur que le poëte le laurier académique ; aussi cherche-t-elle à secouer promptement ce joug odieux d'une famille mesquine, étroite dans ses spéculations, qui l'obligerait, toute sa vie, à tirer un cordon, ou à coudre des gilets et culottes. Ainsi, à peine a-t-elle planté là son vieux père, honnête Auvergnat, qui fait des commissions et cire les bottes de tout l'hôtel, qu'elle se lance vers la mansarde si ardemment convoitée, et là, prenant un époux dans le calicot, à la face du ciel et des toits, elle tressaille dans son triomphe d'avoir enfin atteint la rive de ce monde de liberté et de bonheur, dont les songes mobiles lui offraient chaque nuit de si séduisantes peintures!....

Là, avec quelques francs dans le nœud d'un mouchoir, et un sein d'ivoire qui bondit à la seule expression d'un propos de plaisir, elle reçoit, en échange du *bluet virginal*, le chapeau de paille orné en grappes d'ananas, le jaconas de 9 francs 50 c., une chaussure d'été de 39 sous, une paire de gants jaunes, et le baiser le plus franc que calicotier puisse donner un jour de pareilles cérémonies nuptiales!.... ce sont les épingles de noces. — Quel bonheur! *Jules!* (c'est le nom de l'époux trimestriel.....), quel bonheur! il fait un temps superbe! Nous irons dîner aux Prés-Saint-Gervais, n'est-ce pas?.... Oui, reprend Jules (en peignant ses moustaches dans un miroir de 15 sous), nous folâtrerons parmi les roses, parmi les lilas ; ce sera divin. Evélina, Casimir, seront des nôtres.... Va pour la partie carrée!.... On part donc pomponnée, brillante et fumante comme une corniche des Tuileries, un jour d'illumination; on descend les six étages et demi d'un escalier tortueux, en spirale, et une fois sur le plancher public, notre grisette jette aux zéphyrs sa blonde chevelure, en bravant l'opinion, et semble dire à toutes les femmes bien mises : « Moi aussi, je porte un chapeau ! »

Le second couple paraît : c'est *Casimir*, commis de la nouveauté; c'est *Evélina* qui vit avec un étudiant en médecine, ou un tromboniste de l'Ambigu. Arrivés tous quatre vers ces oasis champêtres, en face de cette grande mosquée populaire, l'ILE D'AMOUR, le cœur palpite ; d'ailleurs les murs, les enseignes de tous ces boudoirs culinaires ne sont-ils pas chamarrés de mets succulents, fumants, du

moins en peinture ?.... — Par exemple, une anguille énorme tourne pit-
toresquement autour d'un biscuit de
Savoie; ici un buisson d'écrevisses,
là une tête de veau, un cochon de
lait qu'on dévorerait sur la muraille
même ! — Que de talismans !... que
de séduction pour une âme de grisette, dans cette scélérate de banlieue!.
et le trombone qui hurle toujours le
plaisir !...

Évélina, qui est gourmande à man-
ger à elle seule bœuf-gras à la vinai-
grette, contemple toutes ces belles
choses d'un œil humide et d'une bouche pleine de salive, tandis que son
amie, qui est folle du *galop*, se sent
magnétiser, galvaniser par les instruments de cuivre, qui, dans les boudoirs verdoyants de l'*Ile d'Amour*,
sonnent le grand hourra de la folie et
de la danse!

Privilége délicieux de l'heureuse
grisette, qui s'émancipe de sa pleine
autorité, et qui, d'un brodequin indé-
pendant, secoue les chaînes du célibat,

et s'affranchit d'un coup de tête des radotages d'une mère impérieuse, des gronderies d'une tante dévote, et du rabâchage d'un vieil oncle, ancien *grognard* de la vieille garde, qui a fait la retraite de Russie, et est implacable sur le point d'honneur.

La grisette se licencie surtout dans l'âge où ses charmes ont encore de l'éclat, son indigence lui donne pleine liberté, et son bonheur vient souvent de n'avoir point un centime.

On remarque avec étonnement, de nos jours, cette caravane de filles nubiles, nymphes nomades, petites bayadères du pays latin, des rues Saint-Denis, Vivienne, pâté des Italiens, etc., etc., qui, toujours saint-simoniennes, se sont faites chacune la *femme libre*, et se marient aux autels des mansardes, recevant, pour contrat d'hymen, une place à la galerie de l'Ambigu ou de la Gaîté, en fraudant les douanes du mariage.

Il ne faut jamais confondre une grisette du *pays latin* avec une grisette des boulevards : grand Dieu ! quelle différence ! — Il en sera de même des quartiers de la Bourse et de la rue Saint-Martin ; vraiment il y a moins de variétés dans les scarabées et les coléoptères ! — La grisette du pays latin, autrement dit *la ville du cadavre*, a plus de décision, d'audace dans le maintien, dans le regard, d'esprit dans la physionomie, d'énergie dans le geste, d'élégance et d'érudition dans l'entretien : habituée, soir et matin, à entendre, dans les hôtels garnis, dont elle est la sauterelle indigène, habituée, dis-je, à entendre sans cesse une sorte d'aréopage de jeunes adeptes raisonner, en esprits forts, sur *l'anatomie, la physiologie, la phrénologie, la philosophie*, elle finit avec tous ces *gie*, quand elle a de l'esprit naturel, par attraper des teintures des choses abstraites et profondes. L'un, par exemple, soutient l'existence de l'âme, l'autre nie son existence en fumant un cigare de la Havane, ou en travaillant son examen, ou en jouant avec un fleuret, et, à force d'entendre ces raisonnements à perte de vue, elle s'élève quelquefois à la hauteur des discussions. La grisette du pays latin n'est donc point bornée, en savoir, autant que celle qui vit dans les modes. Philosophique et stoïque à l'excès, elle entre ; sa marche est celle d'un prévôt de salle ; elle pose son châle et son chapeau sur le front du squelette, qui est la statue obligée de ce petit muséum. A-t-elle lieu d'être jalouse, son ressentiment éclate avec impétuosité, même le pugilat, les *voies de fait* s'en mêlent souvent ; mais le raccommodement survient sur les ailes de l'oubli ; des baisers, qui ne sont pas donnés sur les joues, se succèdent pressés et nombreux ; on n'ôte même pas la clef.. Pourquoi donc ôterait-on la clef ?... je n'en sais rien ; mais enfin, ces étourdis ne l'ôtent jamais, et... Eh bien! oui, voilà à peu près le laisser-aller passionné et vivace dans lequel cette population de vingt ans existe, dans des centaines de

*casernes chiffrées*, qu'on appelle vul-
gairement *chambres garnies*.

Le squelette, debout au milieu de
toutes ces folies, est le fantôme de ce
boudoir ; il assiste à tout, à tout ; il
porte tout..... Le corset encore tiède
de la jolie Pauline chauffe son front
vélin et glacé, ses bas sont parfois
accrochés à ses côtés ; le pantalon
d'Alfred pend à son bras, et, si c'est
dans le carnaval, les cordons de quelque masque sont noués à sa mâchoire
inférieure...

Pauvre squelette !... peut-être, dans
ta jeunesse, en as-tu fait autant lorsque tu étais étudiant en médecine, ou
peut-être encore tu serais les os de
quelque Pauline, de quelque grisette
morte à l'hôpital, comme ça arrive
souvent, comme ça arrive presque
toujours !...

Oui, de quelque Pauline disséquée
par son amant même, qui aura eu le
cynisme d'enfoncer le scalpel sur un
sein d'albâtre qui ne connaissait, vivant, que le feu de ses lèvres !

A-t-on pris la joyeuse résolution d'aller voir le *Sonneur de Saint-Paul*, d'aller au théâtre du Panthéon, à quelque bal, dont le *cancan* fait les principaux honneurs...., — soudain on fait subir à sa bourse un rigoureux interrogatoire ; trop souvent cette pauvre petite bourse muette garde le silence de la tombe. Alors le front des deux époux devient soucieux, brumeux ; c'est ce que l'on appelle, en termes de médecine du pays latin, *une mélancolie de gousset*. Mais Alfred rompt soudain, d'un ton héroïque, cet abattement passager ; Pauline, petite amazone, intrépide en fait de projets de partie, l'imite. L'un porte en plan sa redingote chez ma tante, l'autre son châle et ses boucles d'oreilles ; et le dîner, et le café, et le théâtre..., tout a lieu ; toutes les destinées sont accomplies, voire même le verre de punch, le bâton de sucre d'orge dans l'entr'acte!...

Le lendemain... Mais nous oublions la nuit!... Eh bien, lecteur, puisque tu veux tout savoir, en rentrant du théâtre, Pauline a soin de se glisser près de la porte-cochère de l'hôtel, laissée entre-bâillée, afin d'éviter l'œil de la police de la maîtresse, qui, intraitable sur l'article des mœurs, a défendu expressément à ces demoiselles, de quelque sexe qu'elles soient, *passé minuit*, de séjourner dans ses chambres; il faut donc escamoter, quoique avec un époux légitime... (et c'est bien dur!) quelques nuits d'amour et de bonheur, et aussi de fécondité, car l'enfant donne, que c'est une bénédiction!... Cette fécondité est d'ailleurs très-avantageuse pour la patrie, qui voit ses tours des enfants trouvés de la Bourbe et de la Crèche remplis, chaque jour, par une petite population à la mamelle, au biberon, qui provient des *boudoirs* très-philosophiques du pays latin, et dont les tendres vagissements retentissent dans tous les hôtels garnis des rues de la Harpe et Saint-Jacques!...

Tandis que la maîtresse de l'hôtel a été subtilisée dans ses rigoureuses surveillances, et que dix à douze numéros de son hôtel ont été changés en chambres nuptiales, elle-même, alors, emportée par le torrent, à son titre commode de veuve tâche de trouver aussi un époux, et, afin de faire un bon choix et de né pas être trompée, elle essaye successivement tous ses jeunes locataires...

Ainsi c'est dans ce cercle d'études, de folies, de galanteries éphémères que se passe l'existence de la grisette dans le pays latin; l'été, c'est la barrière du Maine, *au moulin de Beurre;* l'hiver, l'Odéon, le Panthéon; les bals, les querelles, les billets d'amour, les reconnaissances du mont-de-piété, les mémoires insupportables du restaurant, et un fleuve de tisane, qui, comme les eaux bienfaisantes du Siloé, vient verser son baume réparateur sur des plaies dont des insignes menteurs, sur tous les murs de la capitale, promettent la guérison.

Car la salsepareille est le myrte classique de cette ville bizarre!

On conçoit de suite que les repas de la grisette sont bien exigus quand elle dîne *dans ses appartements*, qui sont ordinairement situés près des lieux d'aisance, et dont on reconnaît aussitôt la porte *au seul flair* : si mademoiselle dîne chez elle, les voisins ne s'en aperçoivent que trop; une fumée épaisse et noirâtre annonce à tout le voisinage qu'un hareng cuit sur quelques braises dans un pamphlet qui, lui servant d'enveloppe, a été utile une fois, il a allumé le feu; le reste de ce feu servira à tiédir à demi une guimpe, repassée à la hâte, et qui sèche bientôt, au bal de la Chaumière, sur des appas brûlant de folie et de plaisir.

On monte souvent à son aérien belvédère par une corde à puits, absolument comme dans les mines de Pologne : au demeurant, le reps est considéré par *la jeune fille libre* comme un objet de luxe, et il semblerait qu'elle ne se nourrit que de parures, tant elle prend peu soin de sa santé à cet égard.

C'est une vie bien singulière, bien chanceuse à la fois, que celle d'une femme indépendante, dans toutes ces cellules de sapin, où elle vit en garçon le jour et en fille la nuit! Voulez-vous que je vous la dépeigne partant avec quelques compagnes et compagnons de folie pour Passy ou Saint-Cloud? Alors on prend le fiacre; *ma tante* a fait les principaux frais, et l'on a, comme on dit, du *quibus*. — Quel bonheur!... quel délire!... — On pille l'aubépine; Euphémie s'est fait un diadème de coquelicots, et semble une bacchante dans les saturnales égyptiennes; on loue des ânes, et, dans des chutes que le bureau des mœurs ne me permettrait pas de lithographier, on puise à la source inépuisable de mille plaisanteries galantes, pour ne pas dire érotiques : par exemple, *Fifine* a la jambe magnifique, et *Aglaé* a les formes en pain de sucre couleur de rose. Les époux de la partie ne tarissent pas dans leurs badinages; on fouette les ânes, puis on déjeune, puis on dîne ; le café, le vin, les glaces, les liqueurs, rien n'est épargné ; on s'égare dans le bois, on joue à cache-cache, on se regarde après en riant comme des fous. Édouard, qui s'est endormi sous un chêne, est couvert de hannetons ; il en a jusque dans sa chemise ; Fifine en a aussi dans la sienne ; alors Guguste prétend les trouver... — Ici commence un combat bizarre, qui ferait rire une momie d'Égypte.

Le garde champêtre, l'homme le plus moral de la sous-préfecture, parce que chaque procès-verbal d'attentat aux mœurs, à la pudeur publique dans la forêt ou les moissons, lui rapporte *sept francs soixante-quinze centimes*, a sans cesse les yeux et le fusil braqués sur nos étourdis, et, pour le moindre coquelicot cueilli, il est prêt à verbaliser sur son genou le cas *in flagranti delicto !...*

Nos jeunes Hippocrates de se moquer de cette tête-ganache, de cette autorité grotesque, et, pour se venger, sèment, sur le chemin où ils présument qu'il passera, des *pots de fleurs*, des *cassolettes odoriférantes* auxquels ils l'engagent ironiquement à *tenir la main* et à dresser procès-verbal!...... Bref, la nuit ayant étendu ses brumeux rideaux entre la terre et le dôme étoilé, on songe, les bras balants, au retour vers la capitale; une douce fatigue accable ces couples fortunés de leurs tendres et folâtres excès, et enfin on rentre dans le dortoir illicite, soigneux de ne pas être aperçu sous le feu de la place, je veux dire la surveillance hargneuse de l'hôtesse, qui n'a souvent tant de mœurs et de courroux que parce qu'on n'a pas eu la galanterie de l'inviter à cette céleste partie.

Le lendemain, une tête de mort sur la table, près d'une botte de radis pour le déjeuner, Eugénie, la grisette, sultane du moment, festonne ou arrange les légumes à mettre dans la marmite (car on est raisonnable un lendemain, on a mis le pot-au-feu). Quelquefois la jeune personne, prenant le nom de son ami Doricourt, a le front de se faire appeler, gros comme le bras, *madame Doricourt*; dans tout le pays latin, ce n'est donc que madame Doricourt : l'hôtesse en rit, la servante en rit, tous les jeunes gens de l'hôtel en rient; elle seule garde son sérieux quand elle prend la clef de sa chambre *à son clou chiffré*, et demande gravement s'il n'y a point de lettre pour madame Doricourt.

Voici, à ce sujet, une aventure assez comique :

Adeline (c'est le nom de l'héroïne), jolie personne fort éveillée, s'était donné le ton de prendre aussi le nom de son *calouquet* (les grisettes du pays latin ne disent pas *carabin*, c'est calouquet) : on l'appelait partout MADAME DE GLATIGNY; en un mot, elle faisait son embarras et *sa dinde* à ravir; aussi toutes ses camarades la nommaient, par dérision, *une dinde empanachée* : cette expression est bien folle ; mais, que voulez-vous, lecteur, j'écris *de l'histoire*, et je ne puis l'altérer ; il y a d'ailleurs de ces expressions d'argot qui sont locales et intraduisibles. Les grisettes appellent donc ainsi, et sans doute par jalousie, une bourgeoise coquette, minaudière, à mantelet, parfumée comme une bonbonnière, et qui jette sans cesse un regard dédaigneux et de supériorité ur les petites classes, sur les petits théâtres, sur qui s'appelle les *ouvriasses*, de même qu'une femme entretenue appelle son entreteneur *un gonsse*.

Revenons à madame de Glatigny, qui posait, suivant l'expression de Balzac, dans le pays latin, comme une bourgeoise conséquente. Son calouquet la laissait faire, et riait de ses grands airs d'importance, quand son père, son propre père, ganache provinciale de la plus belle tenue, informé des fredaines ruineuses de son fils, part et arrive en toute hâte à Paris, descend et demande rue Pierre et hôtel Sarrazin, n° 5, à parler à monsieur de Glatigny.

—Monsieur n'y est pas, lui répond l'hôtesse en faisant la bouche en cœur, par la forte raison que Glatigny faisait de la dépense, déjeunait dans sa chambre avec *madame*, et dînait à table d'hôte, et surtout payait bien des mémoires enflés au chalumeau, comme tant de réputations littéraires; mais *madame* y est, et si vous permettez, je vais vous conduire.... — Ne vous donnez pas cette peine, repartit le père noble en s'appuyant sur un riflard dans son fourreau conservateur; dites-moi seulement le numéro de sa chambre. — Le numéro ?—Oui ! — C'est au premier, n° 6, sur le derrière. — Fort bien. — Notre père insiste et monte, et d'un sourire et d'un monologue malin il dit : Je suis curieux de voir madame de Glatigny. Parbleu ! on ne m'avait pas dit que mon fils avait convolé en premières noces; c'était bien le moins que je reçusse le billet de faire part! —Il frappe au n° 6; une espèce de bonne œuvre; il entre; madame de Glatigny *posait* sur un fauteuil un peu gothique, il est vrai, car tout le mobilier du pays latin a des cheveux gris, des cheveux blancs même; n'a-t-il pas servi à trente générations de carabins, depuis la table de nuit en noyer jusqu'à la petite table qui a porté tant de dissections, de chapeaux de paille, de jarretières, de corsets, de forceps, de trousses et de livres de médecine!.... — A qui ai-je l'honneur de parler, dit madame de Glatigny en se levant à demi, et en suspendant son travail de feston?— A un ami de la famille *de votre mari,* répondit le rusé vieillard; j'ai des nouvelles à lui donner, et.... — Oh! mon Dieu, monsieur, vous pouvez tout dire à sa femme!.... — En prononçant ces mots, madame de Glatigny s'était levée sous quelque prétexte, et, par un mouvement assez précipité, elle avait fait ouvrir un galant peignoir

bordé d'une petite dentelle jointe par
des nœuds de rubans roses qu'elle
avait laissés ouverts des deux côtés, de
sorte qu'en se levant à dessein avec
précipitation les nœuds de rubans
avaient d'abord produit l'effet pittores-
que d'une douzaine de papillons roses
qui prennent leur volée parmi des
touffes de lis, en révélant par leur
fuite le corsage et la taille la plus mi-
robolante!...., et qui encore avaient
mis presque sans voile des appas de
dix-sept ans d'une blancheur éblouissante sur lesquels on aurait placé deux
verres d'eau sans qu'il en tombât une
seule goutte....; enfin comme Albane
n'en a jamais peint.

Les femmes!.... les femmes!....
quelle astuce! quel manége!.... Le
pauvre bonhomme, à ce spectacle de
chairs de neige et de rose, ne sut plus
ce qu'il se proposait de dire, ni ce qu'il
se proposait de faire; son chapeau
tomba, son riflard tomba, un de ses
gants tomba; c'était d'ailleurs un de ces
vieux farceurs, ancien garde-magasin

des vivres (*Riz-pain-sel*), qui s'était engraissé en faisant maigrir de faim le soldat. Jadis, sous le grand homme, il avait donné son cœur banal dans dix capitales de l'Europe, avait entretenu à Berlin une Prussienne, à Varsovie une Polonaise, à Milan une Italienne, à Madrid une Espagnole; et, petit sultan polygame, avait promené ses odalisques cosmopolites dans de fastueuses berlines, sur toutes les routes faciles de nos conquêtes; c'était ce temps fortuné où des princesses allemandes, placées respectueusement derrière nos maréchaux à table, leur donnaient des assiettes!

Dans cet état de choses, rempli de galantes réminiscences, notre héros de l'armée *des grisons* se dit tout bas: —Mais, si je n'ai pas vingt-cinq ans, j'ai vingt-cinq mille livres de bonnes rentes, non pas en actions sur *le lac de Gomorrhe*, mais en moissons ondoyantes dorées par le soleil de Marseille. Allons, allons, poussons notre pointe, continua-t-il de se dire, ce serait un joli traversin pour mes vieux jours, car elle n'est pas mariée réellement à mon fils, c'est une *couleur*; je vous la lui souffle, nous partons pour mon château de Glatigny, je l'épouse, je la présente aux autorités de l'endroit, comme une nièce que j'ai retirée de son couvent, sans fortune, mais belle, possédant des talents, et dont j'ai fait ma femme. Le curé dîne à sa droite; il baptise nos enfants, il la nomme *Vénus la mère des amours*, en style rococo, et une grisette du scalpel devient une dame prépondérante et conséquente dans mon illustre manoir!.....

C'est dans ce roman improvisé que notre *Riz-pain-sel* donnait pleine carrière à ses plans d'hyménée à la minute, tant les nœuds de rubans qui s'étaient envolés de la ceinture de la belle, comme un essaim de papillons roses, avaient électrisé ses sens!..... tant, dis-je, des appas qui n'avaient encore servi qu'aux autels d'une douzaine de municipalités philosophiques avaient fait bondir ce cœur qui s'était promené triomphalement dans toutes les capitales de l'Europe !...

— De son côté, Adeline (c'était le vrai nom de la prétendue madame de Glatigny ) soupçonnait déjà, dans le soi-disant ami de Glatigny, son père lui-même; elle n'en eut aucun doute quand la soubrette, cachée dans un petit cabinet latéral à porte vitrée de l'alcôve, colla sur le carreau : *son père;* car ce père avait été reconnu par l'hôtesse, Marseillaise elle-même.

A cette légende, qui fut un trait de lumière pour Adeline, elle eut l'art de donner une nouvelle direction à ses batteries.

—Ah! petit scélérat, se dit-elle, vous finassez avec une grisette du pays latin!.... Je vais vous tailler des croupières : ce n'est point qu'elle n'eût pas moins l'intention, dans tous les cas, de faire une dupe de ce Lovelace à gilet de flanelle ; elle était bien sûre, pour peu qu'il fût riche,

2*

d'en faire un *bienfaiteur*, un *marabout*; mais Adeline trouvait bien plus piquant d'enchaîner sous des nœuds de rubans roses et de fleurs le père même de Glatigny, et de faire tomber un vieux libertin au pied de son autel!.....

Ce beau projet, très-édifiant d'ailleurs, ne tarda pas à s'exécuter; une jolie femme a tant d'avantages!.....

Ainsi, par une transition en style de théâtre, notre folle commença par garder un silence étudié; puis, feignant d'être attendrie, inquiète, émue à une pensée qui, soudain, aurait frappé ses esprits comme un éclair, elle tira un mouchoir de batiste festonné en rouge, et avec une grimace de véritable cabotine des boulevards, elle feignit de verser des larmes, et de les essuyer sur ses belles joues rondes de joie, de santé et de jeunesse; puis, jouant la sensibilité, et se précipitant aux pieds du bienfaiteur en herbe :

—Ah! monsieur, vous vous cachez en vain sous le nom d'un ami, vous êtes le père de mon Auguste : ne vous ai-je pas reconnu aussitôt à cette parfaite ressemblance entre vous deux ?.. Qui pourrait s'y méprendre ; même regard, même noblesse dans les traits, même élégance dans la taille !... Ah ! monsieur, vous êtes bien le père de votre fils !.... Mais, me pardonnerez-vous si j'ai osé usurper un titre, le titre d'épouse d'un nom aussi honorable, sans votre aveu ?.... Ah ! croyez-moi, c'était uniquement pour ramener votre fils à la vertu ; je le voyais sur la pente du vice ; des grisettes sans mœurs se disputaient son cœur ou plutôt sa bourse. Eh bien, une passion délicate, avouée par l'honneur, lui épargnera de grandes infortunes !......

Voilà mon crime, monsieur ; punissez-moi maintenant, acheva-t-elle avec un sanglot de mélodrame, si je l'ai mérité !....

À cette scène pathétique, notre père noble qui, d'ailleurs, avait ramassé son riflard, son chapeau et son gant, les laissa tomber de nouveau : tant d'attraits, de si belles larmes, qui tombaient brûlantes, comme dõs diamants des cieux, sur des plis et des roses animés ( car Adeline, qui jouait quelquefois les comparses au Panthéon, avait appris l'art de pleurer à volonté); tant de séductions, enfin, avaient enivré le bonhomme au point qu'il n'y pouvait plus tenir!

—Relevez-vous, mademoiselle, lui dit-il en lui prenant une main potelée et blanche, loin de vous blâmer, je ne puis, au contraire, que vous donner des éloges pour les intentions honnêtes que vous avez eues à l'égard de mon fils ; sans vous, peut-être, il se serait abandonné à quelques fillettes perdues. Ainsi , quel bonheur qu'il ait trouvé une jeune personne aussi sage que belle!....

En lui tenant ce discours, M. de Glatigny n'avait pas quitté cette main, qui, comme au bout de la chaîne électrique, faisait battre la générale à son cœur. Il s'agissait cependant d'en finir, avant que son fils ne vînt à rentrer ; aussi M. de Glatigny, après quelques instants de silence : — Ecoutez-moi, mademoiselle, malgré tout votre mérite, les choses ne sauraient en rester là ; l'honneur de la famille souffre, mon fils perd son temps, n'étudie pas, ne passe aucun examen malgré tout l'or que je lui ai envoyé pour ses inscriptions. Voulez-vous accepter une proposition qui vous rendrait tous heureux ? Sans être jeune, je suis encore vert : bref, vous laissez là Glatigny et son boudoir numéroté, nous partons pour mon château, près Marseille ; vous vous nommez alors la véritable madame de Glatigny ; on vous rend le pain bénit dans le village, vous avez place à l'estrade ; le premier coup de l'encensoir, le dimanche, est pour vous ; une loge au théâtre de la ville, une grande toilette efface les petites éclaboussures du passé ; vous donnez des soirées ; vous avez le salon, un maître de piano, et je vous réponds qu'avant trois mois vous serez la femme la plus distinguée de Marseille !....

En prononçant ce discours éclectrisant, M. de Glatigny s'était précipité à son tour, à deux genoux, en bravant ses rhumatismes, aux pieds de notre jeune. rouée, et en même temps il avait glissé au doigt dé la main qu'il avait portée respectueusement à ses lèvres une bague de prix, en diamants, en manière d'arrhes du marché conjugal.

Adeline répondit donc qu'elle était prête, pour la décence et l'avenir d'Auguste, à se soumettre à tout ce que monsieur de Glatigny désirait ; n'avait-il pas d'ailleurs le même regard, la même noblesse de traits, la même taille que son fils, et surtout vingt-cinq mille livres de rente !....

Ce qui fut dit fut fait. Adeline, ouvrant le secrétaire, mettant un peu d'eau de la carafe dans l'encrier, traça ce peu de lignes avec une orthographe de grisette.

« Mon chair Oguste, un onque qui m'arrive près de Charte, veut m'emener avec lui passer quelques jour à son endroit. Sois tranquille, il y a quelque roues de derrière, et je ferai mon beurre ; sans adieu, soit bien fidèle à ta Liline, et surtout ne vas pas au Panthéon avec Nonore ! autrement, si tu me fait des traits, j'ajète un boisso de charbon chez la fruquière et je m'asfique. »

Après avoir griffonné cette superbe missive, à demi diaprée de pâtés, comme le gilet d'un poëte éclaboussé rue des Lombards, Adeline arrache son chapeau de paille accroché sur le front d'un squelette, prend son châle, ses gants, fait un paquet de quelques effets de peu de valeur, et après être convenue avec M. de Glatigny qu'il sortirait le premier et l'attendrait sur la place Saint-Michel, elle partit lestement sans être aperçue, et rejoignit son jeune suborneur.

Là on prit un fiacre qui les conduisit dans un des plus beaux hôtels de la rue dé Richelieu ; là , après avoir passé une quinzaine dans les plaisirs et le faste, on partit pour Marseille, on entra effectivement dans ce brillant château dont on devait devenir la châtelaine, et M. de Glatigny, tenant toutes ses promesses, épousa en légitime mariage la grisette de son fils, qui fut forcé, à son tour, de lui porter tout le respect qu'il devait à une belle-mère.

# Portrait

## D'UNE JOLIE LINGÈRE.

—

A combien d'ingénieux détours nous
avons été obligé de recourir pour
obtenir la faveur d'orner notre recueil
de l'admirable visage de madame Nanon, couturière en chambre, au Gros-
Caillou, près des Invalides; nous
avons eu à vaincre les délicatesses
non moins respectables d'une pudeur
exagérée. L'oncle de madame Nanon,
le galant tripier du marché aux Poi-
rées, le frère aîné de madame Nanon,
marchand d'yeux en verre pour les
chiens empaillés et les élégants bor-
gnes, le cousin de madame Nanon,

ravageur en congé, tous se sont refusés à notre désir de placer dans notre galerie leur nièce, sœur et cousine ; à les en croire, les méchantes gens allaient voir dans cette publicité une réclame déguisée. Mais votre nièce, cousine et sœur n'a rien à vendre, avions-nous beau leur objecter; ils nous répondaient toujours, c'est précisément à cause de cela que nous ne voulons pas que vous donniez son adresse à vingt millions de Français qui n'ont rien à acheter. Alors nous avons employé des moyens subtils pour parvenir à notre but ; car il nous fallait à tout prix sa biographie et ses traits formés par l'amour, la volupté et les grâces. La partie morale a eu le pas, forcément, comme la plus facile à traiter. Sur sa parole d'honneur, la fruitière nous a assuré que la belle Nanon lui achetait souvent des carottes, des petits pois et des oignons brûlés pour colorer le bouillon. Charmante simplicité de caractère relevée par cet autre trait digne d'entrer dans la peinture d'une aussi gracieuse individualité ; madame Nanon prend son sucre et sa moutarde chez l'épicier du coin.

Ajoutons qu'elle se couche à dix heures, se lève à sept, cire elle-même ses appartements, et va quelquefois au bain, où elle porte sa serviette. D'aussi précieux renseignements devaient nous encourager à poursuivre notre tâche, malgré d'incessantes difficultés. La plus grande de toutes était de nous approcher le plus possible de la croisée de sa chambre pour saisir le contour divin de son divin visage. Nous avons loué une maison à Passy, ne mettant entre elle et nous que la distance de la rivière et de deux ou trois rues. Inutiles efforts ! nous n'avons jamais eu devant les yeux que le dôme des Invalides. Autre tentative plus audacieuse : Un de nos artistes, plein d'imagination, a pensé à se déguiser en marchand de pastilles du sérail, afin de pénétrer avec mystère jusqu'à l'appartement de la belle Na-

non la couturière. Jeune , beau, bien
fait, dans l'âge des témérités, il était
superbe sous le costume oriental; il
eût séduit l'Asie, sa mère, et l'Europe,
sa belle-sœur. Comme nous n'avan-
çons rien sans preuve, nous donnons
ici le portrait du bel Orosmane qui
s'était chargé d'enlever, par surprise,
la ressemblance de la sémillante
Nanon , une des belles femmes de
Paris.

Il n'est pas douteux que l'artiste n'eût réussi dans son entreprise s'il n'eût oublié, inexplicable distraction, de prendre avec lui des pastilles du sérail. Il n'avait rien à vendre; il se trahit. Puisqu'il en est ainsi, lui dit-on, vous ne verrez pas madame Nanon. Cependant l'artiste, désappointé, lança un coup - d'œil furtif dans la pièce voisine, et aperçut Nanon qui venait de terminer sa toilette. Son regard voluptueux caressait des fleurs épanouies dans un pot à beurre posé sur une table. Son sein, pétri avec roses, se trahissait à demi sous le satin. Le *Moniteur officiel* s'échappait de ses doigts languissants. Nanon se disposait apparemment à aller au marché. Le génie de l'artiste s'exalta, et son crayon esquissa ses traits.

Ainsi sa mission d'artiste eût été complétement remplie, si, le lendemain, la lettre suivante ne lui fût parvenue.

« Monsieur,

« J'ai l'honneur de vous prévenir de votre erreur. Les renseignements que vous avez pris, et le portrait que vous avez esquissé, n'ont aucun rapport avec madame Nanon. Le tout concerne madame Jolibois, tireuse de cartes. Vous vous êtes trompé d'étage. Sans rancune.

« Agréez, monsieur, mes salutations empressées.

« NANON. »

## Les maîtresses d'étudiants.

—

### I.

. . . . . Quand on eut apporté le punch, dont la flamme bleue éclaira fantastiquement les visages, Arthur, notre amphitryon, laissant tomber sa tête sur son coude, à la manière d'É- née chez Didon, parla à peu près en ces termes :

— Camarades, camarades, voici le plus triste épisode de ma triste vie !

Il y avait dix ans que la France avait été dotée de mon individu. Sans vanité, je puis dire que j'étais de bonne venue : Cinq pieds onze pou- ces, des moustaches énormes, et pas un grain de petite vérole.

Avril était de retour avec ses fleurs, ses chants d'oiseaux et ses brises alizées. Fatigué de travail, j'avais déserté ma cellule pour suivre mon cours de droit... à l'estaminet ; mais je ne jouais encore d'aucune espèce de cor de chasse. Temps de douce innocence, qu'êtes-vous devenus ?

## II.

J'aimais à la folie le punch au rhum, les romances d'Hippolyte Monpou et les queues de billard. Quant à cet être suave et vaporeux qu'on est convenu d'appeler la femme, bel oiseau au divin plumage, qui, selon le dire de Sainte-Beuve, est entièrement construit de gaze et de fleurs, je m'en moquais, corbleu, comme de colin-tampon.

Un baiser du plus joli sylphe de Paris, s'appelât-il Jenny Colon, Plessy, ou Anaïs Fargueil, n'aurait pas valu pour moi le bout d'un échaudé de Félix, trempé dans les ondes blanchissantes du kirsch - wasser. Chaque jour que Jéhovah faisait descendre dans la rue de la Harpe, je fumais six onces de gros tabac de caporal dans une de ces pipes d'architecture moderne qui font, aujourd'hui, les délices de la jeunesse.

## III.

Combien, ô mes camarades, ne devais-je pas me repentir de cette indifférence! Un jour vint où mon âme, prenant le dessus, fit rentrer définitivement dans la chair toutes mes affections matérielles. C'en fut fait du punch, il devint mon cauchemar. Les romances échevelées d'Hippolyte Monpou, je les fourrai, en guise d'allumes, sous la cloche de mon poêle. La seule idée du billard me faisait monter le bleu au visage.

Camarades, camarades, j'aimais comme un fou que j'étais sur le point d'être.

## IV.

Sur le même palier que moi habitait, entre un gros niais d'oiseau jaune des îles Canaries et une poupée de plâtre, le type le plus ravissant de la modiste vertueuse.

Rose était son nom, moins encore de par l'Église que de par la nature.

Sans compter qu'elle avait des cheveux blonds qui tombaient jusqu'à terre, et des yeux où tout l'azur du firmament semblait s'être condensé.

Par une belle soirée de la mi-août, Rose, accoudée contre sa fenêtre, chantonnait un motif d'*operette*, en battant la mesure sur le nez de sa poupée. — Or, depuis une heure, j'étais devenu fort enclin à la mélancolie. Aussi me pris-je à tousser *piano*, *piano*, comme cela : *peuh!*

Rose ne tourna pas même la tête, et reprit son refrain.

Une seconde fois, je toussai, mais plus énergiquement : *peuhxxx!*

Rose ne bougea pas davantage; seulement ses doigts semblèrent cesser de se mouvoir.

Alors je crus devoir tirer des profondeurs de mon larynx une plus robuste accentuation : *pppeuhxx!*

Aussitôt sa voix expira sur ses lèvres ; puis elle me regarda. — Démonté !

— Une belle soirée ! dis-je tout à coup, hors de moi.

— Est-ce que monsieur est enrhumé ? fit-elle.

Et nous causâmes...

## V.

A quinze jours de là, Rose, assise nonchalamment entre les bras de mon fauteuil, me faisait une moue des plus flagrantes. On donnait *Guillaume Tell* à l'Opéra ; mademoiselle voulait entendre Duprez, mais, hélas ! je n'avais pas la moindre parcelle d'or, point d'argent, de l'airain encore moins. Le trimestre paternel n'arrivait que sous un mois.

Que faire ? elle menaçait de pleurer longtemps, beaucoup à la fois, à chaudes larmes.

En vain je lui tendais les bras pour l'apaiser, elle n'avait qu'un mot sur les lèvres :

— *L'Opéra !*

## VI.

Pour moi, quand je vis que sa résolution devenait de plus en plus inébranlable, je ne pus m'empêcher de lui dire avec une voix entrecoupée de violents sanglots :

— Eh quoi ! Rose, c'est moi qui vous ai comblée d'amour, de caresses et de capotes bleues, moi qui ai divorcé avec le rhum, M. Berryat-Saint-Prix et les cigares de la Havane , exprès pour vous chérir sans partage, c'est moi que vous prenez plaisir à contrister de la sorte ?

Elle baissa la tête et ne dit mot : elle boudait!

## VII.

Ce que voyant, je pris mon chapeau et je sortis, pensant que tout cela serait oublié à mon retour...

A mon retour, je trouvai la place absolument vide. Rose et son serin s'étaient envolés!

## VIII.

Ce ne fut que deux mois plus tard que j'aperçus Rose dans les couloirs des Bouffes, sous le bras d'une manière de fashionable.

Elle avait une mantille castillane et de magnifiques marabouts..... L'infâme!

## IX.

Le lendemain, je reçus des mains d'une duègne le billet que voici, plié en losange :

« Monsieur,

« Vos démarches pour me revoir seraient inutiles. Un grand auteur me tient sous sa protection. Grâce à son influence, je débute prochainement au théâtre royal des Folies-Dramatiques,

« Avec lequel j'ai l'honneur de vous saluer,

« ROSE. »

## X.

— Or, dit Arthur en terminant, comme elle me résistait, je l'ai sifflée !

# UNE BEAUTÉ MONARCHIQUE.

Issue d'une illustre famille de la Champagne pouilleuse, la jeune Rosalba vint au monde dans le mois des fleurs, qui est aussi le mois des beaux enfants. Aussi son oncle disait :

— Elle ressemblera à une pâquerette.

—Non ! ripostait sa tante, elle aura la légèreté du bluet.

— Elle ne sera ni bluet, ni pâquerette, disait la jeune mère ; elle sera rose comme moi et blanche comme son père : nommons-la Rosalba.

Rosalba naquit donc dans le mois des fleurs et des petits pois : on l'aurait mangée de caresses. Elle était vive, sémillante, une véritable fille de la campagne ; elle moussait. Merveille autour d'une merveille, chaque cinq ans elle prenait un caractère différent de beauté, à ce point que ceux qui demeuraient quelque temps sans la voir ne la reconnaissaient plus. Afin de garder un souvenir de ces métamorphoses, son oncle, celui qui aurait tant désiré la nommer Pâquerette, la fit peindre dans un même tableau; d'abord à l'âge de dix ans, ensuite à l'âge de quinze ans.

La voici représentée à ces deux âges intéressants de la vie.

La Rosalba du fond a dix ans ; elle est folâtre, enjouée, toujours nu-tête ; c'est un papillon, la fleur du pommier, la mousse de l'églantier, le duvet du fruit, ce qui vole, ce qui vit, ce qui embaume l'air.

La Rosalba du premier plan a quinze ans et peu de mois. Le voile lui sied, car elle est chaste, car elle sent déjà frémir l'amour sous son corset. Quelle éducation ne reçut-elle pas ! solide, éblouissante, complète. Le garde champêtre la demanda plusieurs fois en mariage, mais sans succès. On lui enseigna le grec, le slavon, le sanscrit et toutes les langues aleutiennes.

Quand on surprend une femme jeune et belle, de sang illustre, sous ce costume, au milieu de la voie publique, l'envie vous prend tout de suite de l'épouser. Les exemples du contraire sont fort rares. Cette idée ne manqua pas de venir au délicieux comte de Chameauvieux ; mais, comme on en avait usé jusqu'alors dans sa famille, il voulut l'enlever. Scandale dans la rue, mouvement dans la ville de Troyes; le procureur du roi arrive, on saisit le ravisseur. Son nom lui fit aussitôt obtenir sa liberté sur caution. Il en fut quitte pour un coup d'épée dans l'œil gauche, qui fut crevé; le frère de Rosalba l'avait provoqué en duel. Cependant les choses s'arrangèrent parfaitement. Heureux de sa ruse, le comte de Chameauvieux offrit sa main à mademoiselle Rosalba. On l'accepta. Le mariage eut lieu dans un château entre Reims et Troyes, analogie charmante, juste au mois de mai. Et les jeunes filles disaient :

— Heureuses celles qui naissent dans le mois des fleurs, elles se marient dans le mois des fleurs ! Les roses de leurs berceaux sont les roses de leur hyménée.

Ceci n'est pas toujours vrai ; la ravissante Rosalba ne l'éprouva que trop cruellement. Aussi pourquoi voulut-elle venir habiter Paris ! A Paris, le volage de Chameauvieux

courut les ruelles, et y laissa sa fidé-
lité. Quel désespoir pour Rosalba!
Elle pleura beaucoup, supplia son
mari de retourner dans leur province.
Le chatoyant de Chameauvieux fut sans
pitié ; il osa même nier qu'il était in-
constant. Alors que l'amour inspire
du courage! — Elle s'habilla en page,
altéra agréablement ses traits, et elle
se rendit chez Chiquard, au sein de
la bonne société. Douloureux spectacle! deChameauvieux dansait le fameux
pas : *Grattez-moi le dos avec un ho-
mard,* ce qu'il y a de plus voluptueux
au monde. Le beau page se fit reconnaître.

Rosalba de Chameauvieux est aujourd'hui séparée de corps et de bien
de son mari. On trouve chez elle bas,
chaussettes et caleçons de tricot.

# LES FEMMES DE THÉATRE.

## *L'habilleuse*.

Madame Greluchard est habilleuse dans l'un des théâtres du boulevard; elle lace les corsets et agrafe les robes de celles de mesdames les actrices qui n'ont pas le moyen d'avoir une femme de chambre en titre. Madame Greluchard est la femme de chambre officielle donnée par l'administration, talents pauvres et vertueux.

Madame Greluchard entre dans la catégorie de toutes ces vieilles femmes qui ne possèdent pas le sou, et qui ont *évu* des malheurs ; mais cependant elle offre, par position, quelques traits particuliers qu'il est bon de signaler.

Madame Greluchard se donne pour veuve d'un officier de la garde impériale, qui prenait, tous les jours, une prise dans la tabatière de l'empereur.

Un jour, un Cosaque gigantesque se présenta sur le front de bandière de l'armée, et provoqua le plus brave des soldats français à un combat singulier. M. Greluchard répondit à cet appel; il s'élança sur le Cosaque gigantesque... Mais, hélas! la fortune ne favorisa pas le plus brave. M. Greluchard fut immédiatement embroché par le Cosaque, qui le porta expirant aux pieds de son ours de général. (Vous voyez que madame Greluchard fait ici une imitation libre de l'histoire de David et Goliath, qu'elle a lue dans sa jeunesse.)

Après ce duel célèbre, Napoléon, qui en avait été témoin, dit à madame Greluchard :

— Madame Greluchard, je suis content de vous.

Puis il lui donna une place dans la lingerie des Tuileries. Là, madame Greluchard avait des profits de cent francs par jour, parce que l'empereur ne se servait jamais deux fois de la même chemise. Vinrent les Bourbons. — Madame Greluchard fut l'une des victimes de la restauration ; elle perdit sa position, et fut obligée de *se mettre à servir les autres*. C'est depuis cette époque que madame Greluchard est habilleuse.

Madame Greluchard arrive au théâtre de très-bonne heure, afin de faire la causette avec la portière, les ouvreuses, les mères de figurantes. Là se débitent mille petites méchancetés qui se répandent, en un clin d'œil, dans toutes les autres parties de la salle, et font le désespoir des uns et la joie des autres. Madame Greluchard est la présidente de ce conciliabule de mauvaises langues, et elle accorde très-difficilement la parole aux autres, désirant toujours la garder pour elle-même.

Madame Greluchard est en grand honneur auprès de ses compagnes, car c'est toujours par elle que l'on apprend les nouvelles qui font scandale. — Qu'est-ce qui sut la première que la petite Emma n'avait plus son cabriolet? — Madame Greluchard. — A qui dut-on d'apprendre que le premier comique, Victor, était attendu tous les jours à la porte du théâtre par ses créanciers? — A madame Greluchard. Madame Greluchard dévoilé sans pitié tous les petits secrets de conformation physique que ses fonctions auprès de ces dames la mettent à même de connaître; elle raconte que mademoiselle Louise a la taille mal faite, que mademoiselle Palmyre a le dos un peu équivoque, et que mademoiselle Célestine est obligée de mettre une énorme tournure pour dissimuler la pauvreté de ses hanches. Lorsque les faiblesses du cœur se trahissent par un supplément obligé de ceintures, elles trouvent dans madame Greluchard un dénonciateur sans pitié; aussi madame Greluchard est-elle fort recherchée par les habitués du théâtre, qui écoutent sa chronique avec beaucoup de dévotion, et ne manquent pas d'en faire leur profit.

Madame Greluchard est l'auxiliaire des soupirants d'avant-scène. C'est elle qui reçoit le bouquet et le billet doux des mains de l'ouvreuse, et le transmet avec apostille à la dulcinée qui occupe les pensées du gant jaune. Lorsque, grâce à ses soins, l'union est enfin conclue, madame Greluchard s'écrie avec émotion, en serrant dans sa poche une petite bourse assez bien garnie :

—Ces pauvres enfants! qu'ils soient heureux!... Je leur donne ma bénédiction!...

Ce qui n'empêche pas madame Greluchard d'aller de suite narrer à tout le monde ce qui vient de se passer.

Madame Greluchard, qui est dévote, mourra entre les bras de son confesseur.

# L'ouvreuse.

Bien que j'éprouve une grande ré-
pugnance à entretenir le public de
moi, il m'est aujourd'hui démontré
que plusieurs événements remarqua-
bles de mon existence se rattachent si
intimement à l'histoire de la Comédie-
Française, qu'il y aurait atrocité, de
ma part, à priver le public d'une lé-
gère relation.

Voilà pour la préface. — Maintenant, commençons par le commence-
ment.

Une marraine que j'ai perdue de
bonne heure m'a souvent répété que
je devais le jour à des parents très-
riches, mais inconnus. Ce qui prouve
la vraisemblance de cette supposition,

c'est une distinction innée, un goût exquis pour la bonne littérature, plus une petite bague de cheveux que j'ai toujours portée à l'index.

En 1795 on me disait jolie : j'avais surtout un iris bleu très-fascinateur. Le citoyen Barras, qui s'y connaissait, voulut absolument que je prisse un engagement au Théâtre-Français. On m'y établit sur le pied de première figurante. Bon !

On comprendra que je vis bien des choses sans le secours d'une lunette d'approche : les faiblesses de M. Monvel, celles de M. Fleury, la colère de Talma, le feuilletoniste Geffroy, ce bon M. Arnault, les querelles de mademoiselle Georges et de mademoiselle Duchesnois, et le début de mademoiselle Mars, ceci, cela, lui, elle, eux, vous ; — bref, mille autres circonstances dont je n'abuserai pas.

Malheureusement trente-cinq ans sonnèrent pour moi à l'horloge du temps ; les fleurs de ma jeunesse s'é-

taient fanées. De plus jeunes portèrent
sur mon emploi un œil de concupis-
cence. De là à être reléguée dans les
derniers degrés de la hiérarchie des
comparses, il n'y avait qu'un pas...

Justement irritée d'un pareil ou-
trage, j'envoyai ma démission sous
bande à MM. les sociétaires. On y répondit en m'accordant une charge
d'ouvreuse, au grand balcon, à droite.
M. Saint-Prix, député vers moi en
qualité de plénipotentiaire, me dit,
avec sa politesse accoutumée, « qu'il
m'apportait mon bâton de maréchal
de France. »

Tant de bonté ferma toutes les plaies
de mon ame. Installée bientôt à ma
nouvelle place, je vécus, en silence,
de souvenirs et de cadeaux, voyant,
écoutant tout, ne disant rien.

Cependant, comme, à compter de
l'hiver dernier, des allées, des ve-
nues, beaucoup de pourparlers, plusieurs scènes, tout plein de tripotages,
pas mal de petits scandales, troublent

la paix de ma retraite, je me décide
enfin à mettre la main à la plume pour
parler absolument sans métaphore.

Lundi dernier, lors de la reprise
d'*Angelo* ou *le Tyran pas doux*,
M. Victor Hugo s'est donné les gants
de passer près de moi sans m'ôter son
chapeau !

Ce matin, au lever de l'aurore, je
suis allé au bureau des *Petites-Affi-
ches* pour y faire insérer ce qui suit, à
l'article OBJETS TROUVÉS :

Un éventail d'ivoire découpé à jour,
avec des dessins chinois, a été perdu
hier, pendant la première représenta-
tion de l'*Attente*, dans la loge de madame de Sénan ; on devra le réclamer
ici.

On donnait, dimanche, le *Mariage
de Figaro*, par mademoiselle Mars.
A l'entrée en scène de Bazile, M. Du-
pin aîné, président de la chambre,
vint me demander à acheter un *Vert-
Vert* ; comme il me réclamait le sur-
plus d'un petit napoléon de vingt

francs, je voulus, — pour lui apprendre à vivre, — lui rendre ses 397 sous
— en monnaie du prince de Monaco.

Une vérité bien triste à avouer,
c'est que M. Casimir Delavigne devient
plus irascible de jour en jour. Au
moindre mot que M. Védel se permet
de lui dire, il devient cramoisi de colère. Quand c'est M. Samson qui porte
la parole, son œil s'allume de même
qu'une allumette chimique allemande,
ses cheveux renversent son chapeau.
Tout cela par rapport à *la Popularité*,
une pièce nouvelle qu'il veut à toute
force incruster dans le répertoire,
même quand elle ne serait pas populaire du tout.

Ce soir, au moment où il sortait du
du dernier entr'acte du *Ménestrel*,
M. J. P. G. Viennet, membre de l'A-
cadémie française, s'approcha de moi.
Après un très-grand salut, il me frap-
pa légèrement sur la joue droite; puis
il me demanda sa canne à pomme
d'ivoire, en m'affirmant qu'entre tou-

tes les ouvreuses c'était à moi qu'elle revenait ( la pomme ).

On m'a dit que je m'étais montrée très-sensible à ce compliment, digne en tout point de la vieille galanterie française.

---

## L'ACTRICE SURNUMÉRAIRE.

—

Il s'est introduit dans nos théâtres un vice qui ruine peu à peu l'art dramatique, et qui contribuera pour beaucoup à sa ruine. Je veux parler des actrices surnuméraires.

Autrefois, lorsque les Clairon, les Dumesnil, les Raucourt montaient sur la scène, elles étaient d'abord guidées par l'amour de l'art; elles étudiaient, elles travaillaient, et ce n'était qu'après avoir acquis un beau talent qu'elles écoutaient les douces et sonores propositions d'un grand seigneur, séduit par les charmes de leur figure et par l'éclat de leur réputation. Mais, alors, l'art n'avait point à souffrir des injures faites à la pudeur. La comédienne et la femme aimable marchaient de front, et le boudoir ne venait jamais qu'après la coulisse. La vie de petite maison n'était qu'accessoire; la vie de théâtre était toujours l'affaire principale.

Aujourd'hui, tout cela est bien changé.

Aujourd'hui (et je sais reconnaître de nombreuses et honorables exceptions), l'actrice qui débute se préoccupe bien plus vivement de ses intérêts privés que des intérêts de l'art; elle ne choisit pas la profession théâtrale par passion, pour acquérir quelque renommée, pour devenir une Mars ou une Dorval... Non! c'est tout bonnement pour se mettre en montre et tirer parti de sa figure..... Aussi remarquez-la en scène! Elle n'entre pas dans l'esprit de son rôle;

elle n'a pas, pendant deux heures entières, cette chaleur, cette émotion de l'artiste qui est plein de son sujet, et qui communique au public la conviction dont il est animé... Bien loin de là... Elle lance de langoureux coups d'œil aux stalles et à l'orchestre... Pour elle, l'action n'est pas sur la scène; elle songe au joyeux souper qui l'attend après le spectacle. Aussi, combien son jeu est pitoyable! C'est égal....; elle reste au théâtre. Pourquoi? parce que, trouvant des ressources dans une occupation qui contraste très-fort avec son emploi d'*ingénuités*, elle signe avec le directeur un engagement, moyennant lequel elle joue tous les jours sans toucher un sou d'appointements; ou bien, si, pour l'acquit de sa conscience, elle tient à avoir des émoluments, ils sont si faibles, qu'elle ne prend pas la peine d'aller les percevoir elle-même à la caisse, et qu'elle les abandonne comme *épingles* à sa femme de chambre. Cet arrangement convient au directeur, qui, pour une bagatelle, a une actrice jeune et jolie, qu'il peut charger de tous ces rôles sans importance, pour lesquels il ne faut que des frais de toilette; il convient aussi à l'actrice, qui, de cette façon, *se produit* avantageusement : c'est une spéculation en partie double.

L'actrice surnuméraire a de dix-huit à vingt-cinq ans; passé cet âge, elle est, selon l'expression usitée parmi ces dames, elle est *hors d'âge*. Elle a le minois agaçant, le pied mignon et la tournure provocatrice. Elle porte des diamants dans tous ses rôles, et elle a toujours les doigts surchargés de bagues. Ses camarades l'appellent *la chasse*. Elle possède une abondante collection de cachemires, et elle a une lutécienne à ses ordres. Elle est aux petits soins avec ceux des auteurs qu'elle sait capables de sacrifier le succès d'une pièce sur l'autel de la beauté. Elle recherche les bonnes grâces du directeur, quand par hasard la place est vacante. Elle donne des billets et de l'argent aux claqueurs pour se faire applaudir à son couplet final, et pour empêcher une explosion de justes sifflets. Grâce à cette protection, elle arrive sans encombre et sans accident jusqu'à la fin de l'année, et elle dit fièrement :

« Je suis artiste ! »

L'actrice surnuméraire aime beaucoup le champagne ; le public s'en aperçoit souvent. Lorsque son apparition sur les planches a été précédée d'un dîner chez Véry, l'actrice surnuméraire est d'une gaîté folle. Elle ajoute des phrases à son rôle ; elle amplifie, elle dit des stupidités et des drôleries ; elle fait la conversation avec les musiciens de l'orchestre ; elle trotte, elle sautille, elle est en pleine orgie. C'est Érigone, c'est Aspasie sur le char de Thespis ; c'est la Fillon après boire. Les chevaliers du lustre trouvent fort amusante cette verve de mauvais lieu, et applaudissent, applaudissent à faire crouler la salle. Le bon public lève les épaules, et se tait de peur d'être assommé.

Je ne dirai pas que l'actrice surnuméraire aime les bals Musard, les nuits passées autour d'une table de bouillotte, les parties de Montmorency ; en ce cas, sous tous les rapports, elle n'est qu'une variété de la grande espèce des *femmes aimables* ou *femmes de loisir*.

------

## Ruses des femmes de coulisses.

— La voiture de madame ! crie un grand diable de laquais à la mine insolente et à l'habit galonné sur toutes les coutures.

La voiture approche, et l'on y voit monter une jeune femme dont la figure est aussi jolie que la toilette est riche et élégante.

Quel luxe !

C'est au moins là une duchesse ou

une receveuse générale! Nullement.
Cette jeune et jolie femme s'appelle
Mlle Euphémie; elle joue les troisièmes
amoureuses dans un théâtre de vaudeville, et touche cent francs d'appointements par mois. Vous comptez
vos doigts, et cherchez comment on
peut, avec cent francs par mois, acheter des chapeaux de velours, nourrir
des chevaux et un grand laquais, avoir
des diamants et une voiture.

Ici, permettez-moi de tirer un ri-
deau discret sur la vie de notre héroïne, et de vous renvoyer aux mémoires de Sophie Arnould et aux souvenirs de la Guimard. Je ne me suis
pas chargé de tout expliquer; il faut
bien que votre intelligence fasse quelque chose. De tout temps, la beauté
a eu de singuliers priviléges... L'histoire d'Aspasie est éternelle.

# LA FEMME GALANTE.

La femme de loisir est ordinairement jeune et belle. Jeunesse et beauté, ce sont là les instruments du métier qu'elle exerce, la mise de fonds nécessaire pour entreprendre le commerce auquel elle s'adonne. C'est Aspasie sur le marché d'Athènes.

La femme de loisir a pour ami intime, ou, si vous aimez mieux, pour caissier, un banquier cosmopolite, ou quelque vieux membre podagre du corps diplomatique. Grâce à lui, elle a appartement au second, rue Laffitte, femme de chambre, cuisinier, et crédit chez les fournisseurs ; elle l'appelle « *mon cœur et mon ange,* » elle lui donne le bras pour l'aider à monter l'escalier ; elle le place dans un fauteuil quand il est entré ; elle lui parle avec vénération ; elle le reconduit jusqu'à sa voiture ; on dirait une fille pleine d'attentions et de soins pour son père. Mais ce vieux monsieur est plus qu'un père pour la femme de loisir : c'est un trésor. Il représente à ses yeux des cachemires, des bijoux, des dîners fins chez Véry, de joyeuses promenades au bois de Boulogne, enfin toutes les jouissances de la vie. Il vaut bien la peine qu'on y tienne un peu ; mais on n'y tient que pour ce qu'il vaut...... Le voilà parti ! Le masque tombe et le respect s'évanouit. On bafoue sa grosse tournure, sa coiffure à poudre, sa jambe traînante, son œil mort et ses membres endoloris. Toutes ses infirmités sont matière à plaisanteries. On n'épargne que la plus affreuse de toutes, c'est-à-dire la passion honteuse et surannée qui le jette, lui vieillard, entre les bras d'une prostituée. Mais décemment la femme de loisir ne peut pas rire de cette infirmité-là, car elle en vit.

Dans son marché avec son protecteur, la femme de loisir n'a pas prétendu engager son cœur. Son cœur ou plutôt son caprice (car je ne sais trop si elle a un cœur), son caprice donc est ailleurs. Elle a pour amant, ou un poëte râpé qui lui adresse des sonnets, ou un fashionable qui lui emprunte de l'argent, ou un officier de hussards, qui la roue de coups de cravache. Et quoique, par amour-propre, elle lise avec plaisir les vers inspirés par ses charmes, quoiqu'elle ne tienne pas beaucoup à cet argent qu'elle gagne si facilement, elle préfère aux deux autres amants l'officier de hussards; car la femme de loisir se plaît à être battue; elle prétend que c'est une marque d'attachement véritable. Elle n'est jamais plus heureuse que lorsqu'elle a les bras noirs et le dos zébré. Elle montre avec orgueil ces stigmates à ses amies, en leur disant, les yeux brillants de joie : « Cet homme est fou de moi! » Elle sera au comble de la félicité, quand elle aura une jambe cassée.

Du reste, il est bon que la femme

de loisir subisse de temps à autre cette humiliation ; cela venge la société du spectacle qu'elle lui fait subir quelquefois, lorsqu'elle tient, rampants à ses pieds et esclaves, d'honnêtes gens, des pères de famille, quelquefois même des hommes de cœur et de génie, qu'un moment d'erreur a jetés dans ses bras. C'est le revers de la médaille ; nous retrouvons alors, dans la divinité que nous nous étions faite, la matière brute et inerte qui sert aux plaisirs de tous : la statue n'a qu'un piédestal de boue.

Tel est l'état permanent et normal des amours de la femme de loisir. Cependant il y a souvent dans sa vie des accidents de passion qui la jettent hors de ce cours régulier et uniforme. Par exemple, il lui arrive quelquefois, lorsqu'elle va voir un drame ou un vaudeville, de devenir folle de l'acteur qui joue le rôle principal. Alors c'est un véritable délire ; elle ne se connaît plus ; elle revient tous les soirs au spectacle ; elle se place à l'avant-scène ; elle fait des signes, minaude, écrit des billets doux.... Elle ne rougit pas de risquer les premières avances, car il y a longtemps qu'elle a déposé toute pudeur..... Enfin elle finit presque toujours par rendre sensible l'objet de sa flamme.... Homme que femme assiége est place bientôt rendue.

Alors la femme de loisir s'enferme chez elle, ne veut voir personne; elle ne vit plus que pour son amant, elle lui sacrifie tout. Le banquier cosmopolite se retire, ou bien il donne à la belle le choix entre lui et l'Adonis du jour. Elle envoie le gros banquier à tous les diables...On cite des exemples fanatiques de folies pareilles!

La femme de loisir fréquente Montmorency pendant l'été, et le bal Musard en hiver; elle soupe, boit du champagne, s'enivre, dort jusqu'à midi, et, à son réveil, se faisant apporter son fils, fruit d'une première erreur, elle le serre pieusement dans ses bras, et s'écrie avec le poëte :

« Je ne l'ai point encore embrassé d'aujourd'hui ! »

La femme de loisir remplit les rôles d'ingénuité et de figurante sur plusieurs théâtres ou dans les parties d'amateurs de la salle Chantereine, et joue très-habilement de la prunelle avec les gants jaunes de l'avant-scène.

La femme de loisir a une soubrette intelligente et un appartement à trois sorties. Les trois portes fonctionnent habilement depuis deux jusqu'à six heures du soir. C'est un mouvement de rotation perpétuelle.

La femme de loisir est très-friande des aventures qui, au dénoûment, se traduisent pour elle en espèces sonnantes. Elle appelle cela *ses extra*. Outre celles que lui procure sa revendeuse à la toilette, elle en va chercher au théâtre, dans les promenades publiques, dans les salons de jeu où sont reçus les étrangers. Son œil exercé découvre le fort et le faible de chacun. Elle sait, au bout de quelques minutes, où adresser sa coquette provocation et par quels moyens mener l'affaire à bonne fin.

Quand la femme de loisir a su retenir entre ses doigts quelques parcelles de l'or que ses adorateurs lui ont prodigué, elle se retire des affaires à trente ans, avant d'être tout à fait fanée, et épouse quelque employé retraité de l'administration des jeux, qui demeure au Marais, joue timidement à la bourse et se laisse séduire par l'appât d'une dot de trente mille livres. Alors la femme de loisir a un nom, va en société rue Charlot, joue au loto, et donne le ton dans son quartier. À cinquante ans, elle a enterré son mari, est devenue dévote, et ne peut garder chez elle aucune servante, parce qu'elle les soupçonne toutes de faire les yeux doux à messieurs les militaires.

## Mœurs du beau sexe au régiment.

La cantine est ce lieu où, dans un espace de six pieds carrés, s'agitent une multitude de héros à cinq centimes. C'est un panorama où la grande famille militaire vous apparaît dans des phases diverses.

Comme vous le pensez bien, les ameublements de Chenavard et les bronzes de Thomire y sont parfaitement inconnus. Quelques tables écornées et des bancs qui boitent en composent ordinairement le peu fastueux mobilier. Le seul objet de luxe qu'on y trouve, c'est une statue de Napoléon achetée vingt-cinq sous, surmontée d'une couronne d'immortelles. Placée à côté de l'indispensable brevet de prévôt de canne ou de bâton que possède le seigneur suzerain du logis, elle domine l'assemblée et semble commander encore à ses petits *relintintins*. La chaux seule décore presque toujours les murailles indigentes de la cantine. Dans quelques localités cependant, si vous ne rencontrez pas une riche collection de gravures avant la lettre, votre œil peut se reposer agréablement sur des lithographies représentant des scènes militaires. Dans tous les régiments, il y a des hommes plus ou moins habiles à manier le crayon, qui charbonnent sur les murs des portraits parfois assez grotesques. La salle de police en offre souvent des exemples à dérider un Jérémie. La cantine rivalise de gaieté avec sa voisine la salle de police.

La cantine a ses jours de bombances, vraies saturnales parmi lesquelles on cite avec distinction la fête du monarque et l'anniversaire des trois glorieuses. Tout nage alors dans un océan d'eau sucrée ; le champagne de Bercy coule à torrents : c'est un cataclysme de jambons, de cervelas et de pâtés qui ne viennent pas de Strasbourg. A la vue de tant de richesses gastronomiques, l'heureux troubadour oublie complétement son maigre dîner quotidien, et se convertit en Lucullus.

Il y a des hommes qui ont une grande prépondérance à la cantine : ce sont les maîtres d'armes et les professeurs de danse. Aristocrates de la caserne, ils sont, à vrai dire, les juges du camp. Les uns ont le droit de prononcer sur ce qui tient à la susceptibilité militaire ; les autres, types de grâce et d'élégance, viennent poser là comme modèles à copier. Mais l'individu qui y joue le rôle le plus important, c'est celui que le régiment a surnommé *loustic*. Momus de la caserne, dieu tutélaire de la salle de police, il en remontrerait à Rabelais pour les contes drôlatiques ; que dis-je ? à notre maréchal de France littéraire, Hortensius lui-même. Allez à la cantine, vous le trouverez le torse légèrement ployé, répétant pour la centième fois, à l'Hébé du lieu, que jamais le bouillon de la caserne n'a eu de plus grands yeux qu'elle. Aussi est-il renommé pour ses succès auprès des femmes. La cantine et lui sont deux amis inséparables : il mourra du jour où il ne pourra plus y aller boire le verre de l'amitié et la pinte de la consolation. Toujours il réussit à s'humecter largement le larynx en dépit de la maigreur de son budget.

Mais ce qu'on remarque le plus dans le personnel de l'établissement, c'est la cantinière : elle a ordinairement l'âge des femmes de M. de Balzac ; elle est carrée par la base ; elle a de grosses mains, de puissantes mamelles, un sourire masculin, et quelques fils d'argent dans les cheveux. Elle habite la caserne, s'endort au bruit cadencé des pas de la sentinelle, et se réveille au son du clairon matinal. La cantinière n'est jamais une femme comme il faut ; elle est tout bonnement une femme comme il en faut. La chronique scandaleuse lui prête une infinité d'aventures plus ou moins casanoviennes. Aucuns disent qu'elle est très-impressionnable et pleine de philanthropie. Pour mon compte, je crains de soulever contre moi ce piquant échantillon de la plus belle moitié du genre humain..... Aussi n'osé-je émettre une opinion quelconque sur un chapitre aussi délicat. Mais si, comme le disent quelques malins physiologistes, la vertu des femmes n'est qu'une question de complexion et de hasard, il nous est très-facile de calculer jusqu'à quel point la vivandière pourrait prétendre au prix Montyon.

La cantinière a eu son âge d'or ; sous la glorieuse période de l'empire, elle nous apparaît entourée d'une auréole de gloire. Elle aussi faisait partie de cette brillante constellation impériale dont Napoléon était le soleil ; longtemps elle a conservé ce culte napoléonien, dont le souvenir est ineffaçable. Qu'elle était belle, alors, assise sur un affût de canon, ou illuminée par la flamme d'un bivouac ! On la

voyait, vivandière héroïque, parcou-
rant les plaines ensanglantées, et sau-
vant la vie à plus d'un brave, au péril
de la sienne.

Notre siècle monnayeur, qui ma-
térialise tout et fait asseoir la consi-
dération sur des piles d'or, a fait
perdre à la cantinière toute sa poésie,
tout son idéal. De femme forte, de
femme guerrière qu'elle était alors,
elle est devenue épicière. Autrefois,
suspendue au dolman du hussard, elle
méritait le surnom d'héroïque; aujour-
d'hui, dame de comptoir, elle vend
du nectar à trois sous la potée.

Laissez faire, par le progrès qui
court, elle médite déjà ses plans d'é-
mancipation féminine. Bientôt elle
va mettre le pied sur le perron de la
bourse, parlera asphalte, locomotive à
vapeur, rente d'Espagne, etc., et de-
viendra non-conversionniste.

## Mœurs du beau sexe au tribunal;

—

Les dames occupent les banquettes réservées ou l'orchestre. Parées, attifées, coiffées de plumes et de fleurs, elles viennent et se posent pour voir et pour être vues.

La femme du monde n'est pas méchante; mais elle est la plus curieuse de toutes les créatures de la création; elle vit à chaque pas d'émotions : elle se meurt d'émotions à chaque minute. Elle a un amant à cause de ses vapeurs; elle a des vapeurs à cause de son amant. Il faut qu'elle souffre pour mieux jouir, il faut qu'elle jouisse pour mieux souffrir. Elle ne redoute rien tant que les heures réglées, que la somnolence de la vie, que les molles tiédeurs du boudoir et de l'édredon. Elle est perpétuellement en quête, à midi et à minuit, au spectacle, à la chambre, au sermon, au bois, au bal, de tout ce qui peut troubler, divertir, ébranler, ravager, désordonner sa pauvre âme et son pauvre corps. Elle se multiplie dans chaque objet qu'elle touche. Elle se porte avec toute sa vie, avec tout son être, dans chaque sensation nerveuse qu'elle éprouve, et l'on dirait qu'elle n'existe plus pour le reste. Rien ne lui est obstacle. Dès qu'elle a résolu de voir quelqu'un ou quelque chose, elle le verra. Elle écrira dix petits billets ambrés au président des assises, pour obtenir la faveur d'une entrée, un fauteuil, une chaise, un bout d'escabeau. Elle s'échappe dès la pointe du jour de son lit chaud et reposé, et va faire queue à la porte du palais. Elle y restera le front au vent de bise et les pieds dans la boue, s'il le faut. Elle s'enveloppe de sa mantille. Elle grelotte et frémit dans ses membres délicats. La porte s'ouvre, et la voilà qui se faufile, se presse, se foule, se pousse, se baisse, entre

et pénètre à travers les gendarmes,
les huissiers et les robes noires des sta-
giaires. Elle se pend et s'accroche aux
basques du sergent de ville, lui parle
à l'oreille, le supplie d'une voix douce,
et ne le lâche pas qu'elle ne soit casée,
assise, les coudées franches, le binocle
à l'œil, et à bonne portée de l'accusé
et des juges.

Voyez comme elle suit pas à pas le
drame vivant qui se déroule, et comme elle marche, la poitrine haletante,
d'émotion en émotion ! Si le criminel
a la barbe hérissée et les yeux ha-
gards, elle éprouve, en le regardant, un
plaisir de peur. Émotion. S'il a les
joues rosées et les cheveux artistement
bouclés : « Le beau garçon ! se dit-
elle tout bas, et quel dommage ! » Emo-
tion. Si les témoins arrivent, les bras
pendants, ou débitent des phrases pré-
tentieuses et entortillées, elle rit sous
son mouchoir. Émotion. Si l'accusé
sanglotte, elle pleure chaudement
par sympathie. Émotion. Si quelque
jeune fille s'évanouit, elle court, vole,

délace son corset et lui fait respirer des sels. Autre genre d'émotion. Mais, à moins que la salle d'audience ne craque sur les lourds piliers, cette intrépide audiencière ne quittera pas la place. Les heures coulent, la nuit s'avance, les jurés délibèrent, elle attend. Il faut que ses yeux se collent avidement sur les yeux du criminel, qu'elle se suspende à ses lèvres tremblantes, et qu'elle repaisse son âme des terreurs indéfinissables d'une autre âme. Il faut qu'elle recueille les convulsions de cette conscience bourrelée. Il faut qu'elle entende et le coup de sonnette du dernier jugement, et la sentence de mort, et le râle de cet homme dont la face se décompose, et dont la vie intérieure se brise et se déchire en lambeaux. Comme elle se penche vers lui! comme elle prête l'oreille à ses cris inarticulés, à ses soupirs qu'il étouffe! comme elle le suit d'un long regard jusqu'à ce que les portes du cachot se referment avec l'espérance! Alors elle retombe sur sa

chaise, anéantie, absorbée dans la con-
templation de son drame ; l'huissier de
service est obligé de l'avertir que la
salle se vide et de la pousser par les
épaules. Elle sort enfin, et se traîne le
long des sombres corridors du palais,
rentre au logis épuisée, rompue de
fatigue, les nerfs crispés et l'âme en
pleurs, et se jette sur son lit, sans son-
ger que son vieux père n'a pas
dîné, et que depuis le matin sa jeune
fille s'inquiète et l'appelle. Cependant
elle pâlit, elle rougit, elle frissonne,
et son imagination fait asseoir à son
chevet le condamné qui lui apporte
sa tête. Elle voit la prison, les chaînes
de fer, les juges, l'accusateur, le bour-
reau et ses aides, et le panier gorgé de
chairs et de sang, et elle pousse un
cri d'horreur. Digne femme !

Que font ces agrafes d'or, ces ban-
deaux de perles, ces fleurs, ces gazes,
ces plumes légères, parmi le lugubre
appareil des cours d'assises ? Est-ce en
spectacle que l'accusé vient se donner,
et le prétoire n'est-il donc qu'un

théâtre? Qui me dira qu'à l'aspect de ce raout curieux et brillant, l'accusé, revêtu de l'habit grossier des prisons, ne se troublera pas, que quelque témoin ne perdra point la mémoire, et que quelque juré ne sera pas plus occupé de l'émotion rougissante d'une jolie femme que des angoisses du prévenu?

Si j'avais l'honneur d'être président de la cour, je n'admettrais dans son enceinte que les parentes de l'accusé, et je dirais aux autres : « Mesdames, tant assises que debout, écoutez ce que je vais vous dire : Vous allez tricoter les chausses de messieurs vos fils ou mettre au bleu les collerettes de mesdemoiselles vos filles ; vous, ayez soin que le rôt ne brûle point ; vous, que vos parquets soient cirés proprement ; vous, que l'huile ne manque pas dans vos lampes, ni le sel dans votre soupe ; vous, nuancez de fleurs vives les paysages de vos tapis à la main ; vous, déployez sur le théâtre l'éventail des grandes coquettes ; vous, faites des

gammes, et vous, des entrechats.
Allez mesdames, allez; la jugerie n'a
rien à avoir avec les Grâces, et la cour
d'assises n'est point la place de la plus
belle moitié du genre humain.

« Huissier, exécutez les ordres de la
cour. »

Voilà, en effet, les ordres que je don-
nerais, et je serais, je crois, appuyé
de tous les honnêtes gens.

# LE
# CATÉCHISME DE L'AMOUR.

—

D. Quelle est la meilleure condition pour se faire aimer d'une femme à qui l'on fait la cour ?

R. C'est de ne pas l'aimer soi-même.

D. L'amour est donc un empêchement à l'amour ?

R. Très-souvent.

D. Pourquoi cela ?

R. Parce qu'un homme amoureux confie trop vite sa passion, et qu'à moins de ruser en amour on est ridicule ou sur le point de le devenir.

D. Donc, à votre avis, ce serait aux femmes à se jeter à nos genoux; certes, la moins sévère nous ferait attendre longtemps. Pour ce qui est du ridicule, je suppose un instant qu'il en soit ainsi, au moins conviendrez-vous qu'une femme doit l'être, pour le moins, autant qu'un homme, et il n'est jamais arrivé que la grimace d'un aveugle en ait fait rire un autre.

R. Avant de vous répondre directement, je vous ferai remarquer, toutes choses étant égales d'ailleurs, qu'une femme en amour est rarement ridicule, et plus rarement encore imprudente. Ensuite, vous ai-je dit, un homme amoureux est toujours ridicule ou sur le point de le devenir; je soutiens que mon assertion est vraie en tout point, et qu'avouer son amour c'est se donner aux yeux d'une femme un ridicule dont elle se souviendra à vos dépens. Il faut circonvenir les femmes et s'en emparer doucement. Sur cent déclarations d'amour *ex abrupto*, quatre-vingt-dix-neuf manquent leur effet.

D. Diable! à vous entendre débuter, je n'aurais guère soupçonné que vous aviez une aussi-bonne idée des femmes; ne savez-vous donc pas, mon cher professeur, que les femmes ne se défendent jamais que pour la forme, et que la vertu ne leur plaît pas davantage que ne plaisait au moutard spartiate le renard qu'il avait caché dans son sein et qui lui déchirait la poitrine?

R. Vous me dites ceci en confidence, n'est-ce pas? Je vous promets, à charge de revanche, de ne pas vous dénoncer.

Mon cher ami, les femmes adorent

toutes la vertu, mais c'est une vertu à leur façon, une toute petite vertu de fantaisie, dont elles désirent toutes que vous appreniez *la recette avec la manière de s'en servir.*

D. Ah! nous voilà tout à fait dans la question, savoir, la manière de s'en servir : eh bien, voyons, mon cher professeur, enseignez-moi cela comme il faut.

R. Mon cher ami, il en est de cette recette à peu près comme de celle du grand Albert, c'est-à-dire qu'elle est presque impossible à composer; mais parce qu'il faut des amants heureux et des amants malheureux, des époux cocus et contents de l'être, tout arrive pour le mieux ou pour le plus mal. Au reste, un homme n'a pas le droit de faire mieux que la Providence; voilà, toutefois, quelques règles de

conduite que vous ferez bien de suivre.

D. Mais vous ne m'avez pas encore
dit pourquoi l'amour nuit souvent à
l'amour.

R. Je vous l'ai dit au moins d'une
manière implicite : si, par exemple,
vous allez vous pâmer d'amour devant
une coquette, elle se moquera de
vous; faites une déclaration à grand
orchestre à une veuve, elle vous rira
au nez; si vous allez vous jeter aux
pieds d'une jeune fille simple et naïve
sans avoir prévenu son cœur de votre
amour par de douces insinuations,
vous lui ferez peur et elle appellera
ses parents. Ceci me rappelle l'histoire d'une mésaventure dont le héros en pâte fut l'auteur des contes
moraux. Marmontel étant allé voir à
la campagne une dame de ses amies

sans la prévenir de son arrivée, celle-ci, après quelques minutes d'entretien, pria M. Marmontel de lui permettre d'aller donner quelques ordres dans sa maison.

— Je vous laisse ma petite fille, lui dit-elle, vous n'aurez pas de peine à l'amuser en lui disant une de ces histoires que vous contez si bien.

A son retour, la dame dit à sa fille :

— Eh bien, n'est-ce pas, mon enfant, que M. Marmontel est un homme bien aimable et bien amusant ?

— Oh! dit la petite fille d'un ton boudeur, je ne sais pas ce que l'on trouve de si amusant dans un homme qui vous touche *toujours les fesses avec de grandes mains froides.*

On dit que l'auteur des contes moraux prit la fuite comme un voleur. Mais revenons à notre sujet. Avant de faire une déclaration d'amour, il faut, avant tout, prendre des renseignements sur son caractère, sur son éducation. Si c'est une jeune fille qui sorte de pension, il faudra exalter sa jeune imagination, développer son inclination sentimentale suivant qu'elle sera poussée par la tête ou par le cœur. Quelques romans d'amour glissés à l'insu de ses parents, et dont on fera l'analyse en s'apitoyant sur le sort des deux amants que la fortune se plaît à tourmenter, seront une règle d'autant plus sûre que tous les héros de romans sont malheureux, Il faudra jouer franchement, étourdiment avec elle comme un véritable écolier, mais on conviendra de s'appeler frère et sœur; ces deux mots sont magiques, et ils sont la transition obligée d'un sentiment encore peu sensible, mais capable de s'élever à l'exaltation la plus effrénée. Si cette jeune fille est, au contraire, timide, réservée, aimant ses parents avec tendresse, il faut se dévouer à ses parents, montrer de la sagesse, developper devant elle les motifs de prudence qui vous ont dirigé dans telle ou telle occasion ; rompez quelquefois cette monotonie circonspecte par un éclat de générosité et de désintéressement. Si c'est un enfant dont la misère ou la rudesse de ses parents ait tristement éprouvé le cœur, montrez-vous compatissant, généreux, mais avec délicatesse, car la sympathie est plus à charge que la haine, lorsqu'elle devient offensante.

Si vous adressez vos hommages à une femme jeune et mariée, examinez bien, dans les habitudes de sa vie, ce qu'il y a de contraint et de franchement adopté ; faites valoir, exagérez ses concessions ; louez ce qu'elle recherche ; aime-t-elle son mari ? car c'est par là surtout qu'il faut l'attaquer ; vous savez, du reste, que c'est par là qu'elles pèchent toutes, au moins feignent-elles de le croire.

Si celui-ci est un homme d'esprit, battez en brèche son caractère, mais avec prudence ; il ne faut arriver à le blâmer ouvertement qu'après avoir essayé quelques excuses en sa faveur.

Si le mari est une de ces médiocrités qui effleurent la bêtise, tâchez de lui faire commettre, en public, soit une gaucherie, soit une bévue ; poussez-le à dire une bêtise ou à faire une platitude, et soyez sûr que, de ce jour-là, vous aurez singulièrement avancé vos affaires.

D. Cependant j'ai connu certains dragons de vertu domestique, qui cou raient sus à tous ceux qui se permettaient d'attaquer leur mari.

R. Elles le faisaient par orgueil, ou parce qu'elles avaient déjà un amant; une femme n'est jamais si bonne pour son mari que quand elle trompe.

D. Un morceau qui me paraît difficile à saisir, c'est une jeune veuve encore dans les larmes, et regrettant avec amertume un mari qu'elle chérissait.

R. Un autre disait, je crois que c'est Montaigne : « Une veuve ressemble à un morceau de bois vert qui pleure par un bout et brûle par l'autre. » Que ce soit là une calomnie, je veux bien le croire ; mais, quoi qu'il en soit, je puis affirmer qu'auprès d'une femme le rôle le plus facile est celui de consolateur. »

D. Doit-on écrire, faire des cadeaux souvent ?

R. On doit écrire le moins possible, mais on peut faire... cadeau d'une mèche de cheveux. Les cadeaux peuvent entretenir l'amitié, mais ils tuent l'amour.

Il faut, au contraire, obtenir d'une femme le plus de lettres qu'il sera possible ; une mèche de cheveux, une bague, données par une femme, sont des liens qui non-seulement enchaînent son passé, mais engagent encore son avenir.

Je vous dirai, pour résumer et finir un conversation que vous avez dû trouver bien longue, qu'il faut s'arranger de manière à ce qu'une femme prenne en quelque sorte l'initiative, en vous laissant apercevoir que vous ne lui êtes point indifférent ; en second lieu, la dominer pour la conduire ; vous réserver assez pour la quitter quand il vous plaira de le faire ; en troisiéme lieu, le faire de telle sorte que vous puissiez avoir l'air de la quitter quand, en réalité, ce sera bien elle qui vous quittera. Il n'y a pas de moyen connu pour contraindre une femme dans ses affections; il en est d'elle comme de la vieille garde, elle ne se rend pas.

## MODÈLE D'UNE

# DÉCLARATION D'AMOUR.

—

Mademoiselle,

Vous êtes, sur mon honneur, la plus jolie petite femme que j'aie jamais vue, et il ne tient qu'à vous de me rendre amoureux comme un garde champêtre.

Si vous êtes cruelle, je vais devenir si maussade, que je serai capable de me porter à toutes sortes d'économies. Vous aurez perdu le plus joyeux vivant qu'ait flairé un garde du commerce; vous forcerez peut-être à mourir dans un bon lit de plume un homme qui ne s'était réservé que sa paillasse pour payer les frais d'enterrement, au risque de ne rien payer du tout s'il plaisait à Dieu de le faire vivre un jour de plus; mais je vous en préviens, *dent pour dent*, si vous me faites mourir comme un cuistre, je reviendrai de l'autre monde pour vous tirer par les pieds.

Écoutez, ma jolie petite... Oh! ne vous étonnez pas que je sache votre nom : d'abord je le sais parce que votre portière me l'a dit; ensuite j'ai voulu le savoir parce que, si j'avais mis, par exemple, à la lettre que je vous envoie, l'adresse suivante, *à la plus belle!* le facteur eût porté ma lettre à la plus belle, qui se fût bien gardée de la refuser.

Mais revenons à nos amours. Je disais donc, ma jolie petite... ensuite je me promettais d'ajouter, je suis amoureux de vous comme un fou, je vous adore : et puis, j'ai cinq à six bouteilles de champagne mousseux. Votre amie viendra me voir, ce soir, avec son cher... ; c'est elle qui m'engage à vous écrire ; elle serait désolée que je devinsse raisonnable ; allons, vous voyez bien que vous êtes trahie par les vôtres, venez capituler de bonne grâce. A ce soir, nous prendrons pour devise, si vous le voulez, *amour et folie.*

Adieu, ma jolie petite.

*P.-S.* Il y aura des biscuits de Reims, et l'on ne jouera pas du flageolet.

## STYLE D'UNE
# LETTRE DE RACCOMMODEMENT.

—

Mon ami, oublions nos querelles et pardonnons-nous nos torts : on est trop malheureux quand on se dispute. On vante les charmes du raccommodement ; mais ce sont des charmes qu'on achète à un trop haut prix : un quart-d'heure de tendre effusion ne vaut pas un jour, que dis-je, une heure de chagrin. Mettons donc le passé dans l'oubli, et retrouvons ces moments heureux qui nous ont procuré tant de félicité. Mon cœur ne peut suffire aux sentiments qui l'oppressent ; je sens mes larmes prêtes à couler, et je me hâte de te dire que ton amie n'a jamais été plus aimante. Puisse cette lettre te trouver dans d'aussi tendres dispositions! A toi pour la vie, et surtout plus de querelles, je t'en supplie.

FIN.